Nach den seit 1.8.2006 verbindlichen Rechtschreibregeln.

Bibliografische Information der Deutschen Nationalbibliothek
Die Deutsche Nationalbibliothek verzeichnet diese Publikation
in der Deutschen Nationalbibliografie;
detaillierte bibliografische Daten sind im Internet
über http://dnb.ddb.de abrufbar.

Redaktionelle Leitung: Eva Günkinger
Lektorat: Sophia Marzolff
Fachberatung: Ulrike Holzwarth-Raether
Herstellung: Claudia Rönsch
Layout und Satz: Michelle Vollmer, Mainz
Umschlaggestaltung: Mischa Acker
Printed in Malaysia
ISBN-13: 978-3-411-70803-1
ISBN-10: 3-411-70803-4

Lesedetektive

Kira und die Hexenschuhe

Barbara Zoschke
mit Bildern von Martina Theisen

Dudenverlag
Mannheim · Leipzig · Wien · Zürich

Inhalt

„Seit wann machen Hexen Urlaub?“

Davon hatte Kira ja noch nie etwas gehört. Hexen und Urlaub?! Aber das war ihrer Mutter egal. Sie brauchte ein ganzes Wochenende hexfrei – mindestens. Und deshalb musste Kira mit ihr in die Berge. Toll!

„Und was ist mit meinen Freundinnen?“, fragte Kira.

„Was soll mit ihnen sein?“, fragte ihre Mutter zurück. Sie hieß übrigens Karla. „Ihr werdet es schon aushalten, euch mal zwei Tage nicht zu sehen.“

Kira war sich da nicht so sicher, aber da ihre Mutter wirklich urlaubsreif aussah, meinte sie großzügig: „Na ja, ich werde mir die Zeit schon irgendwie schön hexen.“

Aber da schüttelte Karla den Kopf. „Ich fürchte, daraus wird nichts, Kira. Denn ich kann mich nicht entspannen, wenn du hext“, sagte sie und streichelte ihrer Tochter über den Kopf. „Ich brauche wirklich mal eine völlig hexfreie Zeit. Wenn bei deiner Hexerei etwas schiefgeht, muss ich wieder eingreifen. Also versprich mir, dass du an meinem freien Wochenende nicht hext!“

„Wie bitte? Nicht hexen?“, antwortete Kira völlig entgeistert. „Und wie soll das gehen?“

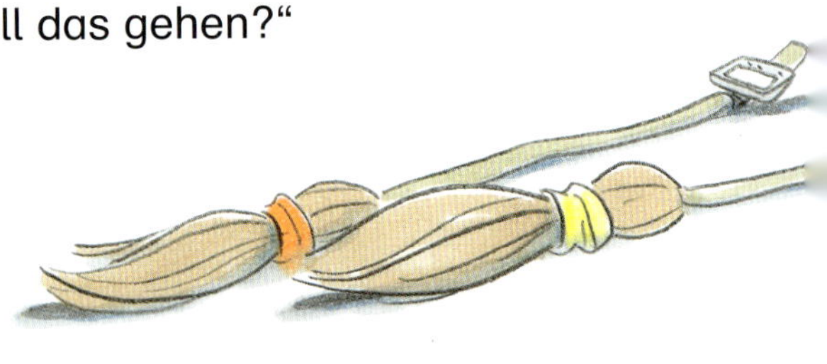

„Wir reiten noch auf dem Besen hin – und danach“, erklärte Karla seelenruhig, „ist Schluss mit dem Hokuspokus!“
Mit diesen Worten zog sie einen Aufkleber aus ihrer Rocktasche und hielt ihn ihrer Tochter vor die Nase. Der Aufkleber war weiß und rund mit rotem Rand und in der Mitte sah man eine durchgestrichene Hexe auf einem Besen.
„Den klebst du dir bitte auf den Koffer, damit du unsere Abmachung nicht vergisst!“, sagte Karla.
„Und was soll ich den ganzen Tag machen, wenn ich nicht hexen darf?“
„Du gehst mit mir wandern!“, jubelte ihre Mutter. „Deshalb fahren wir doch in die Berge. Wir werden uns prächtig erholen!“
Kira schnappte nach Luft. „Sind denn wenigstens andere Hexen dort, mit denen ich he-, ich meine spielen kann?“

Ihre Mutter grinste breit. „Der Kurort, den ich ausgesucht habe, ist laut Prospekt eine ziemlich hexenfreie Zone, mein Kind." Sie ließ sich nach hinten aufs Bett fallen und strampelte mit ihren nackten Füßen in der Luft. „Es wird ein tolles Wochenende werden."

„Dürfen die Leute im Kurort denn wissen, dass wir Hexen sind?", fragte Kira.

Ihre Mutter schnellte hoch. „Bist du verrückt geworden? Natürlich nicht. Die Leute haben doch Angst vor Hexen. Vor allem in den Bergen." Sie hob warnend den Finger. „Kira Karacho! Dass du dich bloß ruhig und unauffällig verhältst!"

Das war das Stichwort – eine einmalige Gelegenheit, ihre Chance, das spürte Kira genau. Sie verschränkte die Arme vor der Brust und lächelte verschmitzt: „Karla Karacho, dann brauche ich ja wohl Schuhe!"

Ihre Mutter erhob sich seufzend. „Jetzt fang nicht wieder damit an. Wir tragen keine Schuhe." Sie wollte an Kira vorbei, doch die verstellte ihr den Weg. „Aber ohne Schuhe fallen wir doch total auf", beharrte sie.

1. Fall: Wie sieht ein Hexen-verboten-Schild aus?

rot umrandet mit durchgestrichenem Hexenbesen

•—–•

„Die Leute werden sofort wissen, dass wir Hexen sind.“

Karla schob Kira beiseite und schlurfte müde in die Küche. Von dort rief sie: „Es ist doch Sommer. Da können wir ruhig barfuß laufen! Mach dir keine Sorgen.“

Sorgen? Kira machte sich keine Sorgen. Sie wollte nur die Schuhe, die sie sich so sehnlich wünschte! Orange sollten sie sein, mit einer nach oben gebogenen Schuhspitze, einer dunkelroten Schnalle und einem kleinen Absatz.

Kira lief ihrer Mutter nach. „Aber die Schuhe, die ich will, sind total hexy!“, sagte sie.

Ihre Mutter schaute sie an, als hätte sie den Verstand verloren.

„Hexy? … Was soll das denn nun schon wieder heißen?“

„Ach Mama“, jammerte Kira, „du weißt doch, was ich meine!“

Karla umarmte sie. „Süße kleine Kira Karacho! Schau dich doch mal an.“

durchgestrichene Hexe auf einem rot umrandeten Besen

– –

rot umrandet mit durchgestrichener Hexe auf einem Besen

• • • •

Sie schob ihre Tochter vor den Spiegel im Flur. Dann zupfte sie an deren roten Locken, die wirklich ziemlich hexy aussahen, weil sie wie Zuckerwatte vom Kopf abstanden. Sie strich mit dem Finger über die Himmelfahrtsnase und rüttelte zärtlich am Kinn ihrer Tochter. „Du bist die hexyste Junghexe, die ich kenne. Dazu brauchst du keine Schuhe! Also hör auf, dir Sorgen zu machen.“
Wie gesagt: Kira machte sich keine Sorgen. Das hätte sie jedoch besser getan, denn einen Tag später befand sie sich barfuß, ohne eine einzige Freundin und bei strengstem Hexverbot …

... im langweiligsten Kurort der Welt

Hier waren ausschließlich alte Menschen, die nur eins wollten: nämlich kuren, also im Schleichtempo wandern und schwimmen. Und Karla wollte auch kuren, obwohl sie so alt gar nicht war.

„Was hältst du davon, wenn wir heute auf den Pyramidenkogel steigen?“, schlug Karla ihrer Tochter vor und strich die Karte glatt, die sie auf dem Tisch ihres Hotelzimmers ausgebreitet hatte.

„Nichts!“

Karla fuhr mit dem Finger über die Karte. „Der Weg führt uns über Wiesen und Felder und sogar ein Stück durch den Wald. Da ist es schön schattig.“

„Aha“, machte Kira.

„Und oben auf dem Berg gibt es einen 43 Meter hohen Aussichtsturm, von dem aus man einen herrlichen Blick über die Täler hat“, las Karla begeistert vor, was auf der Rückseite der Karte stand.

„Sehr interessant“, fand Kira und gähnte.

Karla atmete tief durch. „Was hast du vor, Kira Karacho? Willst du mir das ganze Wochenende verderben mit dieser Laune?“

Kira zuckte mit den Schultern und sagte gedehnt: „Wenn ich keine Schuhe kriege ...“

Ihre Mutter schlug so fest mit der Faust auf den Tisch, dass die Karte darauf hüpfte. „Fängst du schon wieder damit an? Seit einem Jahr nervst du mich mit diesem blöden Schuhwunsch. Kannst du mich nicht wenigstens in meinem Urlaub damit in Ruhe lassen? Wo hast du das überhaupt her? Keine Hexe unserer Sippe trägt Schuhe, und du willst andauernd Schuhe haben. Schuhe sind unbequem, ungesund, ach, was sage ich: völlig unnütz!" Sie drückte ihren langen Zeigefinger so fest durch, dass er sich nach hinten bog, und hielt ihn Kira dicht vor die Nase: „Ich sage dir jetzt klipp und klar: Du bekommst keine Schuhe."
Kira funkelte ihre Mutter böse an. „Und warum nicht?"
Karla hatte sichtlich Mühe, sich zu beherrschen.
Sie atmete tief durch, ehe sie sagte: „Weil wir keine Schuhe tragen! Das war immer so, das ist so und das wird immer so bleiben!"
Kira ließ sich hart gegen die Stuhllehne fallen. Jetzt reichte es ihr. „Du bist ja so gemein", zischte sie ihre Mutter an. „Immer geht es nur nach dir: Weil DU in die Berge willst, muss ich hier rumhocken. Weil DU wandern willst, soll ich mich zu Fuß abquälen. Weil DU urlaubsreif bist, darf ich nicht hexen. Und weil DU sagst, dass ich keine Schuhe bekomme, bekomme ich keine."

Bei den letzten Worten stiegen Kira die Tränen in die Augen und in ihrer Kehle brannte es. Karla war sehr beeindruckt von der langen Rede ihrer Tochter. Sie griff nach ihrer Hand. „Aber Kira“, sagte sie beschwichtigend. „Dir wird es auch guttun, einmal nicht zu hexen und dem Alltag zu entfliehen.“
„Ach ja?“, brachte Kira mit tränenerstickter Stimme hervor. „Und wohin soll ich fliehen? Hier ist ja noch nicht einmal ein Kind zum Spielen!“
„Das wird sich schon finden“, versuchte Karla sie zu trösten.
Aber das glaubte Kira nicht. Sie würde sich das ganze Wochenende langweilen. Sie riss sich los und stürmte aus dem Hotelzimmer hinaus, aus dem Haus, auf die Straße. Sie lief über die Wiese vor dem Hotel, am See vorbei, durch die Gassen des Kurorts, passierte einen Bäcker, einen Schuster, einen Frisör und einen Schuhladen. Dort blieb sie endlich stehen. Ihr Blick wurde magisch nach unten gezogen – und dann sah sie sie:

Die hexy Hexenschuhe

Ihr Anblick traf Kira mitten ins Herz. Es war ein Schock. Denn bisher hatte sie ja nur von ihnen geträumt. Aber jetzt standen sie vor ihr. Greifbar.
Noch nicht einmal durch eine Glasscheibe von ihren Füßen getrennt, weil sie neben anderen Schuhen vor dem Schaufenster ausgestellt waren. Langsam bückte sie sich und streckte die Hand nach ihnen aus.
„Kann ich dir helfen?“, fragte da eine Dame zuckersüß und schob sich schon zwischen Kira und die Schuhe. Es war die Verkäuferin.
Kira nickte und stammelte: „Ja, die Schuhe. Ich will die Schuhe haben.“
Die Verkäuferin lächelte. „Hast du denn so viel Geld dabei?“
„Geld?“, fragte Kira.
Die Verkäuferin drehte ihr den Rücken zu und begann das Schuhregal auf seinen Rollen Richtung Eingang zu schieben. „Am besten kommst du heute Nach-

2. Fall: Kira bekommt keine Schuhe, weil

ihre Mutter kein Geld ausgeben will.

• • —

mittag mit deiner Mutter wieder. Wir haben jetzt eh Mittagspause und öffnen erst wieder um drei."

Kira schaute ihr verdattert nach, wie sie das Regal über die Schwelle zerrte und die Ladentür hinter sich schloss. Schnell presste sie ihr Gesicht gegen das Glas, um zu beobachten, wohin sie die Schuhe brachte. Die Verkäuferin schob das Regal mitten in den Laden, ließ die Schuhe darin stehen, löschte das Licht und verschwand durch einen Hinterausgang.

„Wenn ich nur hexen dürfte!", schoss es Kira durch den Kopf. „Dann würde ich jetzt Zeige- und Mittelfinger beider Hände kreuzen und sagen: Öffne dich, du Tür vom Laden – ich will diese Schuhe haben."

Tja, und da ging die Tür vom Schuhgeschäft auf. Obwohl Kira ja nur laut gedacht hatte. Sie stand plötzlich ohne ihr Zutun mitten im Laden, direkt vor dem Schuhregal, den orangeroten Traum vor der Nase.

Vor Schreck vergaß sie zu atmen. Mit schweißnassen, zitternden Händen zog sie die Prachtstücke hervor und roch an ihnen. Oh, wie sie dufteten, so

ihre Mutter an einer Tradition festhält.

— • • —

ihre Mutter böse auf sie ist.

• — • —

neu und orange! Ganz glatt waren die Schuhe, dabei nicht hochglänzend, nicht etepetete, nicht schickimicki, sondern einfach nur picobello prachtvoll und so was von hexy!

Kira sprang auf und schlüpfte hinein. Es waren ganz klar ihre Schuhe, denn sie passten hervorragend. Wie angegossen sozusagen. Sie machte ein paar Schritte in die eine Richtung, drehte sich auf dem Absatz, kehrte zum Regal zurück. Die Schuhe machten klick-klack, klick-klack auf dem Boden. Das war Musik in Kiras Ohren. Jetzt suchte sie einen Spiegel. In der Ecke neben dem Tresen fand sie einen, in dem sie sich in voller Größe bewundern konnte. Aber sie hatte nur Augen für die Schuhe, denn sie leuchteten ihr durch das Halbdunkel des Raums wie Juwelen aus dem Spiegel entgegen. Wie die Schuhe wohl bei Tageslicht aussahen?

Vorsichtig wagte Kira sich zur Ladentür. Sie zog sie einen Spaltbreit auf und steckte einen Fuß hindurch. Die Schuhspitze fing die Sonne ein und sah fast golden aus.

3. Fall: Was heißt etepetete?

übertrieben fein

•••–

Schnell stellte Kira den anderen Schuh daneben und bewunderte ihre Füße von oben.
Die Kirchturmuhr zeigte an, dass es zwanzig Minuten nach eins war.
„Wir öffnen erst wieder um drei“, fielen Kira die Worte der Verkäuferin ein. Sie hatte also über eine Stunde Zeit, um mit ihren Schuhen spazieren zu gehen.
Sachte klickte die Ladentür hinter ihr ins Schloss, während sie sich in Richtung Marktplatz aufmachte.
Es war unbeschreiblich. Bisher war Kira keiner Menschenseele begegnet. Und plötzlich passierten die wundersamsten Dinge: Ein Blumenverkäufer winkte ihr mit einer Rose zu, ein Geigenspieler spielte lauter, als sie vorbeiging, und einmal sogar konnte sie aus den Augenwinkeln beobachten, wie zwei Mädchen stehen blieben und ihr bewundernd nachschauten.
„Oh, wenn Mama mich doch nur so sehen könnte“, dachte Kira. „Sie würde sofort verstehen, warum sie mir die Schuhe kaufen muss.“

ganz bequem	edel
–·––	···

Um Viertel vor drei schlüpfte Kira wieder durch die Ladentür, zog die Schuhe aus, wischte sie mit dem Ärmel ihres Kleides sauber und stellte sie zurück ins Regal.
„Bis morgen“, verabschiedete sie sich zärtlich von ihnen. Dann verließ sie das Geschäft und lief zurück ins Hotel.
Für den Rest des Tages war sie so gut gelaunt, dass sie ihrer Mutter, der vom Wandern alles wehtat, die Füße massierte.
„Morgen wandere ich in die Teufelsschlucht“, erzählte Karla. „Kommst du mit?“
Kira dachte an ihre Schuhe. „Ich kann nicht“, sagte sie.
Ihre Mutter stützte sich auf den Ellbogen. „Hast du eine Verabredung?“, fragte sie neugierig.
Kira nickte, zuckte aber gleichzeitig mit den Schultern.
Karla lachte. „Ja, was denn nun, Kira Karacho? Hast du eine Freundin gefunden, ja oder nein?“
„Mhm“, machte Kira.
Karla ließ sich wieder auf den Rücken fallen.
Sie zwickte ihre Tochter leicht in den Arm.
„Na, wenn du so wortkarg bist, ist das aber …“

… eine geheimnisvolle Fremde

Am nächsten Morgen konnte Kira es kaum erwarten, ihre Schuhe wiederzusehen. Gleich nachdem ihre Mutter zu ihrer Wanderung aufgebrochen war, wollte sie loslaufen. Ihr fehlte nur noch ein Pullover, denn draußen war es noch kühl. Also flitzte sie wieder hinauf ins Zimmer, riss den Schrank auf und überlegte, welchen Pulli sie anziehen sollte. Und dabei passierte es. Eigentlich wollte sie sagen: „Welchen soll ich denn jetzt nehmen?“ Aber dann klang es offenbar wie irgendein Satz mit Bremen. Jedenfalls sprang der Hexenbesen, der hinter den Jacken versteckt an der hinteren Schrankwand lehnte, heraus und klemmte sich zwischen Kiras Beine. Und noch bevor sie sich für einen Pullover entscheiden konnte, sauste sie auf ihrem Besen mit Karacho durchs Fenster davon.

Auf dem Display der Navigationsuhr stand tatsächlich „Bremen".
Kira erschrak. Da wollte sie ja gar nicht hin, noch nicht mal auf dem Besen! Schnell drehte sie die Navigationsuhr zurück. Der Besen vollführte eine rasante Bremsung sowie eine Drehung um 180 Grad, weshalb sich Kira nicht mehr halten konnte. Sie fiel peinlicherweise vom Besen – und zwar direkt vor das Schuhgeschäft.
Da ein Hexenbesen nicht gerne allein durch die Luft fliegt, folgte er ihr, und so lagen Hexe und Besen gemeinsam vor dem Geschäft, als die Verkäuferin ärgerlich rief: „Was machst du denn da mit dem Besen? Der Bürgersteig ist bereits gefegt!"
Kira rappelte sich auf.
Da erkannte die Verkäuferin sie: „Ach, du bist es", lächelte sie. „Musstest du für die Mutti einen Besen kaufen?"

Kira nickte.
„Und jetzt kommst du wegen der Schuhe?"
Kira nickte wieder. Gleichzeitig blickte sie wie elektrisiert auf die Stelle im Schuhregal, an der gestern noch ihre Schuhe gestanden hatten.
„Tja", machte die Verkäuferin. „Du bist leider zu spät."
Kira sah auf die Kirchturmuhr. „Zu spät? Wieso?"
Die Verkäuferin lächelte und sagte: „Der frühe Vogel fängt den Wurm." Und damit ging sie zurück in den Laden.
Kira folgte ihr. „Welcher Vogel?", wollte sie wissen.
Die Verkäuferin lächelte mitleidig. „Das sagt man doch nur so. Ein Mädchen hat die Schuhe gekauft, gleich heute früh, nachdem ich geöffnet hatte."
Kira war am Boden zerstört. Sie hielt sich nur mit Mühe aufrecht, indem sie sich auf ihren Besen stützte.
„Haben Sie die denn nicht noch einmal?"
Die Verkäuferin schüttelte bedauernd den Kopf. „Das war ein Einzelpaar. Die gibt es nicht mehr."
Kira sackte noch ein Stück tiefer in sich zusammen.
Die Verkäuferin zog einen Schuhkarton aus einem der vielen Stapel, die in dem Laden standen, öffnete ihn und hielt ihn Kira entgegen. „Schau, die sind doch auch schön."

Kira würdigte den Karton keines Blickes. Es gab sowieso keine Schuhe, die so hexy waren wie die orangefarbenen. „Ein Mädchen?“, hauchte sie nur fassungslos.
„Ja“, sagte die Verkäuferin. „Ungefähr so alt wie du. Sie war auch allein unterwegs.“ Sie legte den Deckel auf den Schuhkarton in ihren Armen und stellte ihn zur Seite. „Ah, da kommt Kundschaft.“ Sie ließ Kira einfach stehen und flötete einem Herrn ein fröhliches „Guten Tag!“ entgegen.
Kira schlurfte, ihren Besen hinter sich herziehend, aus dem Laden. Ohne nachzudenken, aus purer Gewohnheit sozusagen oder weil das Gehen ihr plötzlich so schwerfiel, stieg sie auf den Besen, stellte Zielort und Geschwindigkeit ein und flog los. Sie lehnte sich nach vorne, sodass sie mit dem Bauch auf dem Besenstiel lag, drückte ihre Wange gegen den Stiel und stierte traurig nach unten. Es war ja auch ein Elend. Eben erst hatte sie ihre Traumschuhe gefunden – und schon waren sie wieder verschwunden. Aus der Traum von den hexy Hexenschuhen!
Der Besen zockelte in gemächlichem Tempo über die Bäume hinweg, die die Straße säumten. Durch ihre Tränen hindurch sah Kira die Dorfgassen unter sich wie auf einem Bild mit zerlaufenen Wasserfarben.

Doch aus diesem Bild drangen Töne an ihr Ohr, die vertraut und fremd zugleich klangen. Klick-klack, klick-klack, klick-klack, machte es unter ihr. Kira wischte sich die Tränen aus dem Gesicht, um etwas sehen zu können. Fast wäre sie wieder vom Besen gefallen, denn direkt unter ihr gingen die Schuhe. Besser gesagt das Mädchen, das ihr die Schuhe vor der Nase weggeschnappt hatte.

Kira richtete sich kerzengerade auf und drosselte die Fluggeschwindigkeit, sodass sie etwas zurückfiel. Schließlich sollte das Mädchen sie nicht entdecken. Kira musterte die Schuhträgerin aus sicherer Entfernung. Sie hatte kohlenrabenschwarze Haare, die völlig chaotisch zu einem Pferdeschwanz zusammengebunden waren, trug einen türkisfarbenen Overall, einen gelben Rucksack auf dem Rücken und tatsächlich – die orangefarbenen Schuhe. Mit dem rechten Fuß ging sie auf dem Bürgersteig, mit dem linken auf der Straße. Sie stieß dauernd mit der einen Schuhspitze gegen die Bordsteinkante. Am liebsten hätte Kira sie angeschrien: „Pass doch auf!“

Das Mädchen bog in einen Seitenweg und folgte einem schmalen Pfad, an dessen Ende Kira ein großes Schild sehen konnte, auf dem stand:

Entspannen Sie sich im Kurseebad!

Das Mädchen steuerte darauf zu. Leider konnte Kira dem schwarzen Haarschopf nicht weiter auf dem Besen folgen, weil es kaum Bäume gab, die ihr Schutz geboten hätten. Also landete sie, versteckte den Besen hinter einer Kastanie und folgte ihr zu Fuß. Das Mädchen ging tatsächlich ins Kurseebad.
Es bezahlte an der Kasse, trat dann auf eine große Wiese und sah sich um. Glücklicherweise hatte Kira ein wenig Kleingeld eingesteckt. Also folgte sie dem Mädchen unauffällig, stellte sich an einen pilzförmigen Tisch vor dem Kiosk und beobachtete es. In einer Ecke der Wiese breitete das Mädchen ein großes Handtuch aus, streifte die Schuhe ab, stieg aus dem Overall, ließ ihn achtlos auf dem Boden liegen und ging über einen Steg zum Ufer. Mit einem kühnen Kopfsprung tauchte sie ins Wasser.
Sofort fing es in Kiras Zehenspitzen an zu kribbeln. Bestimmt würde das Mädchen eine ganze Weile im Wasser bleiben. Genug Zeit also, um wenigstens noch einmal für kurze Zeit in die heiß geliebten hexy Hexenschuhe zu steigen!
Nur: Wie sollte sie es anstellen? Ginge sie einfach zum Handtuch und zöge die Schuhe an, hielten sie

alle für eine Diebin. Kira blieb jetzt einfach keine andere Wahl. Sie musste noch einmal hexen, Karlas Verbot hin oder her. Außerdem: Es würde schon nichts schiefgehen. Kira war schließlich eine gute Hexe.
Sie kreuzte Zeige- und Mittelfinger beider Hände und sagte so leise wie möglich:

„Hexy Schuhe, hört gut hin:
Ich bin eure Gebieterin.
Wenn ich sage: eins zwei drei,
kommt ihr her – ganz einerlei,
was Hexenmütter wollen
oder Kurzurlaube sollen.“

Die Schuhe setzten sich augenblicklich in Bewegung. Sie glitten über den Rasen, direkt auf Kira zu. Jetzt wollte sie natürlich so schnell wie möglich aus dem Schwimmbad raus und ein paar Runden drehen. Bevor das Mädchen seine Schuhe brauchte, um nach Hause

4. Fall: Wo versteckt Kira ihren Besen?

hinter dem Kiosk

–•• –

zu gehen, wäre sie längst wieder da und hätte die Schuhe zurückgehext. Das Ganze war ein Kinderspiel …

Voller Freude schlüpfte sie in die Schuhe und ging los. Es war dasselbe erhebende Gefühl wie gestern. Nur dass sie hier, unter all den barfüßigen Menschen in Badeanzügen und Badehosen, noch mehr auffiel. Kira sonnte sich in der Aufmerksamkeit der anderen – bis sie das Mädchen sah.

Es stand plötzlich triefendnass am Eingang des Kurbads und sprach mit dem Bademeister. Wie hatte sie denn das angestellt? War sie so schnell zu einem anderen Steg geschwommen? Und jetzt drehte das Mädchen auch noch den Kopf. Es schaute direkt in Kiras Richtung. Kira schoss nach rechts und flüchtete sich durch die erstbeste Tür. Erleichtert schloss sie die Augen und lehnte sich mit klopfendem Herzen von innen dagegen. Glück gehabt!

Da hörte sie Schritte. „Oje“, dachte sie. „Sie hat mich doch gesehen.“ Erst jetzt bemerkte Kira, dass sie sich in einem Duschraum befand. Aufgeregt hechtete sie

hinter einem Baum	hinter dem Pilztisch
•	•–––

in die hinterste Duschkabine. Und schon ging die Tür auf. Sofort war der Raum von Stimmengewirr erfüllt, das bald vom Prasseln des heißen Wassers übertönt wurde. Wasserdampf stieg auf. Vielleicht konnte sie im allgemeinen Dunst mal einen Blick riskieren? Langsam schob Kira den Kopf ein Stück vor und guckte um die Duschkabinenwand herum.
Es war der Horror. Kira befand sich in der Männerdusche und da draußen tobte eine Horde splitterfasernackter alter Männer!
Kira schnellte zurück. Dabei prallte sie mit dem Rücken so fest gegen den Duschknopf, dass das Wasser anging. Sie war auf der Stelle pitschnass. „Die Schuhe!“, fiel ihr ein. Wenn die nass würden, wären sie ruiniert. Sie versuchte, sich die Schuhe von den Füßen zu reißen, wobei sie leider ausrutschte.
Sie krachte mit Karacho auf den Hintern und lag wie ein Käfer auf dem Rücken. Als der Wasserstrahl endlich versiegte, standen sechs nackte Männer vor ihr und guckten sie an.
„Hallo“, sagte Kira blöd. Und gleichzeitig schlug sie die Hände vors Gesicht, denn das wollte sie einfach nicht sehen.
Irgendwie rappelte sie sich dann auf und flüchtete aus der Dusche. Und wenn sie dem Mädchen direkt

in die Arme laufen sollte – alles war besser als das! Kira hatte Glück. Der Eingangsbereich war menschenleer. Erleichtert, aber immer noch gezeichnet von der hinter ihr liegenden Begegnung stützte sie sich auf den Pilztisch. Sie ließ den Blick über die Wiese wandern und musste messerscharf erkennen: Sie hatte ein neues Problem. Das Mädchen saß nämlich auf seinem Handtuch auf der Wiese und war gerade dabei sich anzuziehen. Jetzt half nur noch eins: Kira musste die Schuhe so schnell und diskret wie möglich zurückhexen. Gerade wollte sie damit beginnen, als sie merkte, dass sie nur noch einen Schuh trug. „Verfluchte Hexenhaxe“, stieß sie aus. Den anderen Schuh musste sie auf ihrer Flucht verloren haben.

Kira wurde es ganz heiß. Keine zehn Pferde würden sie da je wieder hineinbekommen. Es würde auch viel zu lange dauern. Das Mädchen auf der Wiese stieg schon in den Overall, in wenigen Sekunden würde sie das Verschwinden ihrer Schuhe bemerken. Also kreuzte Kira Zeige- und Mittelfinger beider Hände und sagte:

„Orange Schuhe, kommt schnell her –
Kira Karacho braucht euch sehr.
Schwebt in Eile auf die Decke
von dem Mädchen in der Ecke.“

Kaum hatte sie die letzte Silbe ausgesprochen, da erhoben sich aus allen Winkeln des Kurbads orangefarbene Schuhe, Sandalen, Badelatschen und Flip-Flops. Große, kleine, alte, neue, schöne, schicke, hässliche Schuhe flogen wie Paradiesvögel durch die Lüfte. Es sah gespenstisch aus.

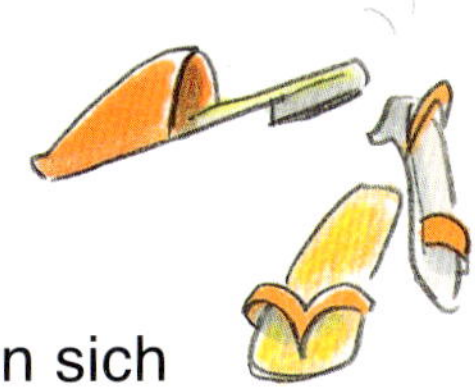

Kiras Herz blieb stehen. Schon versammelten sich die Schuhe über der Decke des Mädchens zu einer Schuhwolke und wollten sich jeden Augenblick in einem prasselnden Regen über ihr entladen. Schnell kreuzte Kira wieder die Finger.

„Alle Schuhe auf die Schnelle
kehrt zurück an Ort und Stelle.
Nur die schönsten aller Schuhe
auf die Decke, und dann Ruhe!“

Die hexy Schuhe plumpsten genau in dem Moment auf das Handtuch, als das Mädchen sich nach ihnen umdrehte. Sie stieg völlig unbekümmert hinein. Und alle anderen orangefarbenen Schuhe der Badegäste segelten zurück zu ihren Besitzern. Kira war so erleichtert wie noch nie in ihrem ganzen bisherigen Leben. Jetzt nichts wie weg hier!
Wie ein geölter Blitz flitzte sie zur Kastanie, hinter der sie ihren Besen geparkt hatte. Aber da war …

… kein Besen weit und breit

Kira wurde es schwindelig. Etwas Schlimmeres, als den eigenen Besen zu verlieren, gab es gar nicht. Das war eine Katastrophe ungeahnten Ausmaßes, die sie niemals würde erklären können!
Als Kira wenig später zerschlagen ins Hotelzimmer zurückkehrte, lag ihre Mutter bereits mit qualmenden Füßen auf dem Bett.
„Ah, Kira-Schatz, da bist du ja! Wo warst du denn?"
Kira riss sich zusammen. „Im Kurbad", sagte sie und hoffte, fröhlich zu klingen.
„War es schön?"
Kira nickte, vielleicht ein wenig zu eifrig.
„War deine Freundin auch da?"
„Mhm", sagte Kira unbestimmt. Lange würde sie das Theater nicht mehr durchhalten.
„Bring sie doch mal mit", schlug Karla munter vor. „Wie heißt sie überhaupt?"
Was sollte Kira jetzt sagen? Welcher Name passte zu dem Schwarzschopf?

5. Fall: Wie heißt der Hexenspruch richtig?

Schwebt in Eile um die Ecke vor das Mädchen auf der Decke.

•– –

Vielleicht Luzie? Oder Betti? Karla schaute Kira erwartungsvoll an. Da hörten sie plötzlich einen mächtigen Radau im Kleiderschrank.
Karla fuhr hoch. „Was war denn das?“
Kira starrte stumm vor Schreck auf das Möbelstück.
„Vielleicht sind die Besen umgefallen“, überlegte Karla. Ängstlich zuckte Kira mit den Schultern.
Ihre Mutter schwang die Füße aus dem Bett. „Ich werde mal nachsehen“, verkündete sie.
Kira sprang schnell zum Schrank. „Das kann ich doch machen. Bleib ruhig liegen, Mama“, sagte sie. „Dir tun doch die Füße weh!“
Mit klopfendem Herzen zog sie die Schranktür auf. Wie sollte sie das alles nur erklären? Sie guckte gar nicht richtig hin, sondern bastelte in Gedanken an einer Rechtfertigung, schob die Jacken nur ein klein wenig zur Seite, damit ihre Mutter nicht sofort sehen konnte, dass ein Besen fehlte.
Aber: Der Besen fehlte gar nicht. Er stand hinter den Jacken, an die hintere Schrankwand gelehnt, als hätte er sich niemals von dort wegbewegt.

Schwebt in Eile auf die Decke zu dem Mädchen in der Ecke.

•–

Schwebt in Eile auf die Decke von dem Mädchen in der Ecke.

•–•

Verdattert drehte Kira sich zu ihrer Mutter um.
„Ist was?“, fragte die alarmiert.
Kira schluckte. „Ne, ne, alles in Ordnung.“
„Ja, aber …“ Karla stand jetzt doch auf, um nach dem Rechten zu sehen. Sie fasste kurz an die Besenstiele, schloss den Schrank und küsste ihre Tochter auf die Wangen. „Komm, meine kleine Kira Karacho, wir gehen ein Eis essen! Ich habe eine Überraschung für dich.“
In Kiras Bauch waren plötzlich hundert Schmetterlinge. Aber sie wusste nicht, ob sie vor Freude oder aus Angst so aufgeregt flatterten.
Mutter- und Tochterhexe fanden einen freien Tisch im Eiscafé und bestellten zwei riesige Becher Fruchteis.

„Morgen reisen wir wieder ab“, sagte Karla. Sie schaute ihre Tochter aufmerksam an. „Wars sehr schlimm für dich, nicht zu hexen?“
Kira schüttelte den Kopf. „Nein, überhaupt nicht“, beeilte sie sich zu sagen.
Karla seufzte zufrieden. „Du bist wirklich ein Schatz, Kira. Und weißt du, deshalb habe ich mir auch etwas überlegt.“
Jetzt flatterten die Schmetterlinge eine extra aufgeregte Runde in Kiras Bauch.
„Das mit den Schuhen, das habe ich wahrscheinlich zu eng gesehen“, fuhr Karla fort. „Vielleicht sollte ich dir doch welche kaufen, was meinst du?“
Kira riss die Augen auf.
Ihre Mutter lachte. „Zur Belohnung sozusagen, dafür dass du zwei ganze Tage mir zuliebe aufs Hexen verzichtet hast.“
Kira spürte, wie ihr das Blut ins Gesicht schoss, so sehr schämte sie sich. Sie schaffte nur ein ganz kleines Lächeln. „Oh Mama!“, sagte sie.
„Schon gut“, meinte Karla.
Glücklicherweise kamen in dem Moment die Eisbecher.
Kira stopfte sich sofort einen übervollen Löffel in den Mund, um nicht reden zu müssen.

„Hmmm“, machte sie zur Tarnung.
„Lecker!“, fand auch Karla.
Kira schob sich den nächsten Löffel Eis in den Mund. Langsam ließ sie es auf der Zunge zergehen, da fühlte sie plötzlich etwas Hartes zwischen den Zähnen. Sie biss vorsichtig darauf, dann spuckte sie es in die Hand. Sie traute ihren Augen nicht. Da lag ihr Besen in Miniaturformat. Erst der verschwundene Besen, jetzt der Minibesen – hier stimmte doch etwas nicht! Ihre Mutter hatte glücklicherweise nichts mitbekommen, weil sie in einer Zeitung blätterte. Verstohlen schaute sich Kira im Eiscafé um.
Da entdeckte sie an einem der Tische das Mädchen mit den schwarzen Haaren. Sie aß genau wie Kira ein sehr großes Eis in einem lilafarbenen Becher. Kira versuchte, ihre Füße unter dem Tisch zu sehen. Ob sie die hexy Hexenschuhe trug? Als sich ihre Blicke kreuzten, blinzelte das Mädchen Kira frech aus stahlblauen Augen an. Sie zwinkerte sogar. Erschrocken guckte Kira weg. Was hatte das zu bedeuten? Hatte sie sie gestern im Kurseebad bemerkt? Erkannte sie Kira wieder? Hatte dieses Mädchen etwas mit dem verschwundenen Besen oder dem Besen im Eis zu tun? Aber das würde ja bedeuten: Es gäbe in diesem Raum außer Karla und Kira Karacho …

… noch eine Hexe

Kira schloss die Faust um den Minibesen und schluckte. Gerade wollte sie noch einmal möglichst unauffällig zu dem Mädchen hinüberschauen, da begann etwas furchtbar an ihren Füßen zu kitzeln. Sie zog so schnell die Knie an, dass sie mit voller Wucht unter die Tischplatte knallten. Die Eisbecher wackelten bedrohlich.

„Kira!“, lachte Karla. In letzter Minute hatte sie ihren Eisbecher festgehalten, sodass er glücklicherweise nicht umgefallen war.

„Sorry!“, murmelte Kira schnell. Dann schaute sie verstohlen unter den Tisch. Da tanzten sechs Minibesen gefährlich nah an die Füße ihrer Mutter heran. Bestimmt wollten die Besen sie jetzt kitzeln. Ohne nachzudenken rief Kira laut: „Pass auf, Mama!“
Alle Gäste im Eiscafé drehten sich zu Mutter und Tochter um.
„Was ist denn los, Kira?“, fragte Karla leise.
„Nichts“, sagte Kira hastig, „… ich freu mich nur so.“
Ihre Mutter schüttelte lächelnd den Kopf und blätterte wieder in der Zeitung.

Kira schaute verstohlen zum Nachbartisch. Das Mädchen zwinkerte ihr wieder zu. Jetzt gab es keinen Zweifel mehr: Der Schwarzschopf war eine Hexe. Kiras Herz begann panisch zu klopfen. Es war dringend an der Zeit, ihr ein Zeichen zu senden, dass sie mit der Hexerei aufhören musste. Kira wollte doch nicht noch in letzter Minute auffliegen!
Fieberhaft überlegte sie, was sie tun könnte. Da fiel ihr der Aufkleber ein, den sie sich auf den Koffer kleben musste. Den würde sie dem Mädchen jetzt auf den Tisch hexen, damit sie das Hexen bleiben ließ. Kira kreuzte heimlich ihre Finger und flüsterte:

„Der Aufkleber soll mal eben
vor dem Mädchen kleben."

„Wie bitte?", fragte Karla. „Was nuschelst du da?"
„Ich habe nichts gesagt", entgegnete Kira schnell. Karla warf ihrer Tochter einen misstrauischen Blick zu, schaute aber bald wieder in ihre Zeitung. Kira sah zu der anderen Hexe hinüber. Und gleich wieder erschrocken weg. Der Aufkleber klebte ihr auf der Stirn. Kira stöhnte innerlich. So konnte sie ihn natürlich gar nicht sehen. Sie hatte ihn noch nicht einmal bemerkt und löffelte seelenruhig ihr Eis weiter.

Doch es konnte nur noch wenige Augenblicke dauern, bis Karla den Aufkleber auf der Mädchenstirn entdeckte, und dann … Vor Entsetzen verschluckte sich Kira und fing an wie irre zu husten.
„Kira!“, ermahnte ihre Mutter sie. Sie lächelte nervös in die Runde. „Beruhige dich bitte!“ Aber Kira konnte sich nicht beruhigen. Im Gegenteil, es wurde immer schlimmer, sie hustete und hustete und schließlich verschluckte sie sich und spuckte ihrer Mutter aus Versehen ein Stück Erdbeere auf die Zeitung.
Karla betrachtete ihre Tochter etwas beunruhigt. „Sollen wir besser gehen?“
Das war eine gute Idee, fand Kira. Nichts wie weg hier! Sie wollte schon aufspringen und hinauslaufen, da spürte sie einen vertrauten Druck an den Zehen. Sie erschrak fast zu Tode. Das waren die Schuhe! Wenn ihre Mutter die Schuhe an ihr entdecken würde, könnte sie sich nicht nur für den Rest ihres Lebens jeden Gedanken an hexy Hexenschuhe aus dem Kopf schlagen, sie hätte auch quasi keine Mutter mehr.

6. Fall: Wann begreift Kira endgültig, dass es noch eine Hexe geben muss?

Als ihr das schwarzhaarige Mädchen zublinzelt.

–•••

Denn Karla würde Kira ins Hexenheim geben, das war ja wohl klar.
Glücklicherweise hörte der Husten auf. Vor Erschöpfung konnte Kira nur noch betreten zu Boden schauen.
Beruhigt wandte sich Karla wieder der Zeitung zu. Aber nur ganz kurz. Dann starrte sie ihre Tochter an.
„Kira!“, sagte sie so seltsam tonlos.
„Ja?“
Karla hielt Kira die Zeitung unter die Nase. „Was ist das?“
Alarmiert sah Kira auf.
Ihre Mutter begann laut vorzulesen: „In unserem Dorf ereigneten sich am gestrigen Samstag rätselhafte Dinge. Erst wollte die Polizei dem jungen Mann keinen Glauben schenken, der behauptete, am späten Vormittag ein Mädchen auf einem Besen durch die Luft fliegen gesehen zu haben. Angeblich war das Kind nach einem Besuch bei ‚Schuh-Müller‘ einen Besen hinter sich herziehend durch die Gassen gegangen, dann plötzlich ‚aufgesessen‘ und Richtung

Als sie ihren Besen im Eisbecher findet.

• •

Als ihr Besen verschwunden ist.

– – • –

Dorfausgang entflogen. Kurze Zeit später meldeten sich mehrere Augenzeugen, die berichteten, im Kurbad seien orangefarbene Schuhe durch die Luft geschwebt. Die Polizei nahm die Ermittlungen auf. Bisher allerdings ohne konkrete Ergebnisse. Für sachdienliche Hinweise wenden Sie sich bitte an die Polizeidienststelle Nord."

Karla ließ die Zeitung sinken und sah ihre Tochter forschend an. Sie war leichenblass. „Sag mal, willst du mich für dumm verkaufen?"

Kira zuckte hilflos mit den Schultern und sah schnell zur Seite. Das Mädchen grinste, aber als es Kiras Gesichtsausdruck sah, begriff es endlich: Dies war nicht der rechte Augenblick für Hexenspäße. Schnell hexte sie Kira die Schuhe von den Füßen, aber dabei

knallten sie unglücklicherweise gegen Karlas Schienbeine. „Hör sofort auf, mich zu treten“, schrie Karla. Sie war jetzt ganz außer sich. Verärgert guckte sie unter den Tisch. Kira schlug die Hände vors Gesicht. „Und wo kommen die her?“, fragte ihre Mutter mit Grabesstimme.

Da hörte Kira eine Stimme sagen: „Entschuldigen Sie, aber dürfte ich meine Schuhe bitte wiederhaben?“ Kira ließ die Hände sinken. Die Stimme gehörte zu dem schwarzhaarigen Mädchen. Sie warf Karla einen Begrüßungskuss nach Hexenart zu und stellte sich vor: „Roxane, ich bin hier im Urlaub!“ Sie zeigte auf die Schuhe. „Ich muss mich wohl ein ganz klein wenig verhext haben.“

„Aber …“, sagte Karla.
„Bitte sagen Sie nichts meiner Mutter“, fuhr Roxane fort. „Wenn sie davon erfährt, dass ich mir die Schuhe gehext habe, dann dampft bei uns die Hexenkacke. Ich habe nämlich Hexverbot.“
„Ach“, sagte Karla. Dann zeigte sie wortlos auf den Aufkleber auf Roxanes Stirn. „Musst du deshalb den Aufkleber tragen?“
Roxane zog irritiert die Stirn kraus. Erst jetzt bemerkte sie den Aufkleber. Sie zog ihn ab und beeilte sich zu nicken. „Ja, genau. Damit ich es auch ja nicht vergesse.“
Karla entspannte sich zusehends. Sie schob Roxane die Zeitung hin. „Dann warst du das also alles?“, flüsterte sie verschwörerisch.

Roxane überflog die Zeilen, in denen von den durch die Luft schwebenden orangen Schuhen die Rede war. Sie kicherte, was Karla als ein Geständnis auffasste.
Sie atmete auf. „Und ich dachte schon …“, sagte sie in Kiras Richtung, „… ich könnte dir doch keine Hexenschuhe kaufen.“
Kira schwirrte der Kopf.
Da beugte sich Roxane zu ihnen hinüber. „Apropos kaufen. Ich habe noch dringende Besorgungen zu machen. Hat mich sehr gefreut, euch kennenzulernen!“
Sie stieg in ihre hexy Hexenschuhe, warf den Hexen einen Abschiedskuss zu und verschwand.
Karla winkte die Kellnerin heran, zahlte und stand auf. „Los jetzt, zeig mir mal, welche hexy Hexenschuhe dir gefallen würden!“
Kira lächelte tapfer. Als sie aufstand, waren ihre Knie butterweich, denn das war doch alles ein bisschen viel. Und außerdem: Die Schuhe, die ihr gefallen würden, waren gerade für immer entschwunden, an den Füßen von Roxane.
Karla und Kira gingen Arm in Arm durchs Dorf und betrachteten ausgiebig das Schaufenster von „Schuh-Müller“, das Kira ja schon gut vertraut war. Aber

so richtige hexy Hexenschuhe konnten sie nicht entdecken. Die schönsten hatte eben Roxane. Beim Konkurrenten „Schuh-Schmitz“ achtete Kira schon gar nicht mehr darauf, was in der Auslage stand.
Da sagte Karla: „Schau mal, Kira, dieselben hatte Roxane!“
Kiras Herz machte einen Hüpfer, obwohl sich ihre Mutter bestimmt geirrt hatte. Aber im Schaufenster standen tatsächlich: die hexy Hexenschuhe!
„Ich dachte, das war ein Einzelpaar?“, sagte Kira.
„Wie bitte?“, fragte Karla.
„Ach nichts“, sagte Kira schnell und fiel ihrer Mutter um den Hals. Sie freute sich so dermaßen über den Anblick der Schuhe, dass sie sich ganz fest an ihre Mutter drücken musste. „Mama, wenn du mir die kaufst“, hauchte sie, „dann bist du die liebste und beste und tollste Mama der Welt, dann werde ich immer tun, was du willst und nie mehr …“
Kira war mit der Liste ihrer Versprechen noch gar nicht fertig, da hatte sie plötzlich die Schuhe an den Füßen.

7. Fall: Roxane hört mit ihren Hexenspäßen auf, weil es ihr langweilig wird.

–

Karla sah sie erschrocken an. „Bist du verrückt geworden? Ich habe sie doch noch gar nicht bezahlt!"
„Das war ich nicht", beteuerte Kira. Zum Beweis hielt sie ihrer Mutter die Hände entgegen.
Karla holte tief Luft. „Schluss jetzt. Ich will nichts hören", sagte sie. „Ich geh jetzt einfach da rein und bezahle die Schuhe." Und schon war sie verschwunden.
Kira breitete die Arme aus und drehte sich auf den Absätzen ihrer Schuhe um die eigene Achse. Immer schneller drehte sie sich und juchzte dabei vor Glück. Die Gesichter der Menschen verschwammen vor ihren Augen zu einem bunten Farbstreifen. Aber plötzlich blitzten aus dem Farbstreifen zwei stahlblaue Augen auf. Sie zwinkerten. Kira blieb abrupt stehen.
„Roxane?", fragte sie, vor Schwindel taumelnd.
Aber sie konnte sie nirgends entdecken. Oder doch? War da hinten nicht gerade ein schwarzer Haarschopf um die Ecke verschwunden?

als sie Kiras verzweifelte Miene sieht.

– – –

kurz bevor sie entdeckt wird.

• – • •

Was sagst du dazu?

1. Kiras Mutter ist urlaubsreif.
Was kann denn in einem Hexenhaushalt für eine Mutter so anstrengend sein?

2. Das Hexenmädchen Roxane hat Kira nicht verraten. Was könnten ihre Gründe dafür sein?

3. Kira schämt sich, als sie von ihrer Mutter zur Belohnung zum Eisessen eingeladen wird. Kannst du das verstehen?

4. Kira versucht Roxane wiederzufinden.
Sie schreibt einen Steckbrief. Wie könnte der aussehen?

5. Kira setzt sich immer wieder über die Abmachung mit ihrer Mutter hinweg. Wie kommt das und was hältst du davon?

6. Wie wird Kiras Mutter reagieren, wenn sie, durch einen Zufall vielleicht, erfährt, dass ihre Tochter sie ausgetrickst hat?
Schreibe dazu einen Dialog.

Hast du Lust, uns eine deiner Antworten zu schicken?
Als Dankeschön verlosen wir unter den Einsendern zweimal jährlich tolle Buchpreise aus unserem aktuellen Programm! Eine Auswahl der Einsendungen veröffentlichen wir außerdem auf unserer Homepage www.lesedetektive.de.

Wenn du alle Fälle im Buch richtig gelöst hast, kannst du hier das Lösungswort eintragen:

___ E ___ ___ ___ ___ ___ ___ T

1. 2. 3. 4. 5. 6. 7.

Die Duden-Lesedetektive: Leseförderung mit System

1. Klasse

32 Seiten, gebunden

- Finn und Lili auf dem Bauernhof · ISBN 978-3-411-70782-9
- Nuri und die Ziegenfüße · ISBN 978-3-411-70785-0
- Eine unheimliche Nacht · ISBN 978-3-411-70788-1
- Franzi und das falsche Pferd · ISBN 978-3-411-70790-4
- Ein ganz besonderer Ferientag · ISBN 978-3-411-70795-9
- Das gefundene Geld · ISBN 978-3-411-70799-7

2. Klasse

32 Seiten, gebunden

- Die Prinzessin im Supermarkt · ISBN 978-3-411-70786-7
- Auf der Suche nach dem verschwundenen Hund · ISBN 978-3-411-70783-6
- Emil und der neue Tacho · ISBN 978-3-411-70789-8
- Sarah und der Findekompass · ISBN 978-3-411-70792-8
- Ein bester Freund mal zwei · ISBN 978-3-411-70796-6
- Eine Sommernacht im Zelt · ISBN 978-3-411-70800-0

3. Klasse

48 Seiten, gebunden

- Anne und der geheimnisvolle Schlüssel · ISBN 978-3-411-70787-4
- Eins zu null für Leon · ISBN 978-3-411-70784-3
- Viktor und die Fußball-Dinos · ISBN 978-3-411-70793-5
- Nelly, die Piratentochter · ISBN 978-3-411-70797-3
- Herr von Blech zieht ein · ISBN 978-3-411-70802-4

4. Klasse

48 Seiten, gebunden

- Der Geist aus dem Würstchenglas · ISBN 978-3-411-70794-2
- Der schlechteste Ritter der Welt · ISBN 978-3-411-70798-0
- Kira und die Hexenschuhe · ISBN 978-3-411-70803-1

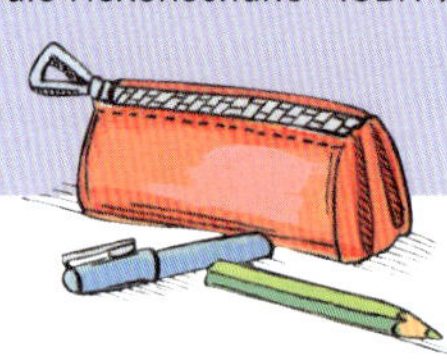

Weitere Titel in Vorbereitung!

Gefunden!
Knote den Streifen einfach an das Lesebändchen an und fertig ist dein Morsealphabet! Neben jeder richtigen Antwort im Buch steht ein Morsezeichen, das du im Alphabet wiederfindest. Setze nun auf der letzten Seite die Buchstaben zum Lösungswort zusammen.